ANIMALES
ARQUITECTOS

T0136630

Timothy J. Bradley

Consultores

Dr. Timothy Rasinski
Kent State University

Lori Oczkus
Consultora de alfabetización

Tejdeep Kochhar
Maestro de biología de
escuela preparatoria

Basado en textos extraídos de
TIME For Kids. *TIME For Kids* y el logotipo
de *TIME For Kids* son marcas registradas
de TIME Inc. Utilizados bajo licencia.

Créditos de publicación

Dona Herweck Rice, *Jefa de redacción*
Lee Aucoin, *Directora creativa*
Jamey Acosta, *Editora principal*
Lexa Hoang, *Diseñadora*
Stephanie Reid, *Editora de fotografía*
Rane Anderson, *Autora colaboradora*
Rachelle Cracchiolo, M.S.Ed.,
   Editora comercial

Créditos de las imágenes: pág. 23 (abajo)
Alamy; pág. 27 (abajo) y pág. 30 Corbis;
págs.12–13 (arriba, centro) y pág. 34
(abajo) Getty Images; págs. 9, 24–25 y
48 Timothy J. Bradley; págs. 7 (abajo), 11
(centro), 15 (arriba), 17 (abajo) y 39 Photo
Researchers, Inc.; pág. 7 (centro) REUTERS/
Newscom; todas las demás imágenes son
de Shutterstock.

Teacher Created Materials

5301 Oceanus Drive
Huntington Beach, CA 92649-1030
http://www.tcmpub.com
ISBN 978-1-4333-7055-7
© 2013 Teacher Created Materials, Inc.

TABLA DE CONTENIDO

LOS CONSTRUCTORES DE LA NATURALEZA

Los seres humanos construyen de todo, desde pequeñas carpas hasta rascacielos **sensacionales**. En todo el mundo, las personas construyen **refugios** para protegerse del clima y de los peligros. Las mejores construcciones hacen que las personas se sientan protegidas y seguras.

Los animales también son constructores. Algunos, como los caracoles, usan sus cuerpos para construir un refugio. Otros usan los elementos que encuentran a su alrededor.

Para quienes saben dónde encontrarlas, las casas construidas en la naturaleza son tan asombrosas como las ciudades humanas. Haz un viaje bajo la tierra para explorar la ciudad de las hormigas. Visita el interior de una colmena en plena actividad. Y descubre los **diques** secretos que los castores construyen donde quiera que van. Incluso para los animales, no hay nada mejor que estar en casa.

Animales arquitectos

Un **arquitecto** es alguien que diseña y planifica cómo hacer casas, rascacielos y otros edificios. Los animales no planifican su trabajo igual que los humanos, pero también necesitan lugares seguros donde vivir. Para protegerse, muchos animales crean estructuras sensacionales.

¡Hay más de 1,300,000 tipos de animales diferentes en el mundo!

PARA PENSAR

- ¿Dónde construyen sus casas los animales?
- ¿Cómo defienden sus casas los animales?
- ¿Qué podemos aprender de los animales?

CASAS EN EL AGUA

Alrededor del 70 por ciento de la Tierra está cubierto por agua. La mayor parte del agua está en los océanos. La vida animal en el océano es muy **diversa**. Más de 200,000 especies viven en el océano. Y cada especie tiene una casa distinta.

Al igual que los humanos, los animales quieren una casa donde se sientan seguros. El océano es un lugar grande y hay mucho espacio para todos. Pero también es un lugar peligroso. Todos los animales deben protegerse de los **depredadores**.

Los científicos creen que la vida comenzó en el agua. Tal vez las primeras casas de animales se construyeron en el agua.

Censo de la Vida Marina 2010

El **Censo** de la Vida Marina recolecta información sobre el océano. Hacerlo llevó 10 años, y más de 2,700 científicos trabajaron en él. Pero ahora podemos conocer todas las plantas y los animales que se descubrieron en el océano. El Censo nos cuenta cuántas especies hay y dónde vive cada una. El océano es tan grande que los científicos siguen encontrando nuevas especies para agregar a la lista.

El cangrejo yeti se descubrió en el Censo de la Vida Marina de 2010.

Los científicos del Censo de la Vida Marina le dieron al pulpo Dumbo ese nombre porque tiene dos aletas que parecen orejas.

NAUTILO

El nautilo es un familiar del pulpo y del calamar. Al igual que sus parientes, tiene muchos brazos… ¡hasta 90! Pero el nautilo tiene algo que los demás no tienen. Tiene una hermosa concha que lo protege de los depredadores. La concha también le sirve como **camuflaje**. La parte de arriba de la concha es oscura y se confunde con el color oscuro del mar. La parte de abajo es clara y se confunde con la luz que llega desde arriba. Por dentro, la concha está dividida en partes. A medida que el animal crece, se forman nuevas habitaciones o **cámaras**. El nautilo puede meterse dentro de la concha si se siente amenazado.

Protección de los depredadores

La concha dura del nautilo lo protege de los dientes afilados de los depredadores. Los caracoles y los cangrejos ermitaños también usan sus caparazones para protegerse. Igual que estos animales, los humanos en el pasado construían murallas alrededor de los castillos. Estas altas paredes de piedra protegían a las personas que vivían en el castillo de las flechas y los cañones.

Colores inteligentes

Desde arriba

La parte de arriba de la concha es oscura y se confunde con el color oscuro del mar.

Desde el costado

Los colores del nautilo lo esconden de los depredadores que nadan por arriba y por abajo.

Desde abajo

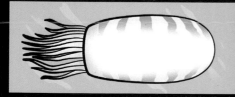

La parte de abajo es clara y se confunde con la luz que llega desde arriba.

La concha del nautilo tiene muchas cámaras.

CANGREJOS ERMITAÑOS

Los cangrejos ermitaños no tienen un caparazón como los otros cangrejos. Los cangrejos ermitaños deben encontrar un caparazón vacío. Pueden usar el viejo caparazón de un caracol para protegerse. Sus patas se agarran del caparazón y, cuando un depredador lo ataca, el cangrejo ermitaño empuja su cuerpo y se mete dentro del caparazón.

Cuando una familia humana crece, se muda a una casa más grande. Cuando un cangrejo ermitaño crece, su "casa" puede quedarle demasiado chica y debe buscar un nuevo caparazón, más grande. Hasta puede elegir un pedazo de madera o una lata. Si no hay suficientes casas vacías para todos, el cangrejo ermitaño puede pelear por un caparazón.

El caparazón de este cangrejo ermitaño está cubierto de anémonas.

Encontrar una nueva casa

¿Te gustaría más vivir en una casa, un apartamento, un castillo o una nave espacial? Bueno, los cangrejos ermitaños también tienen un lugar favorito. Prefieren los caparazones de los caracoles. Pero si no pueden encontrar un caparazón de caracol, usarán otro tipo de caparazón.

caparazón de caracol

botella de plástico

caracola

ESPINOSOS

Los espinosos son peces pequeños. Viven en el océano y en agua dulce. Se llaman así porque tienen espinas filosas en la espalda. No tienen escamas como otros peces.

Para atraer a la hembra, el espinoso macho construye un nido. Lo construye con plantas acuáticas y usa un líquido pegajoso que fabrica en los riñones para que no se desarme. El nido atrae a las hembras, que ponen sus huevos allí. El nido oculta los huevos de los depredadores. Cuando las crías rompen el cascarón, el macho sigue cuidándolas. Cuando sean más grandes, las crías podrán nadar e irse del nido.

nido del espinoso

Los espinosos pueden tener entre 2 y 16 espinas en la espalda.

Parientes lejanos

Los espinosos son primos del caballito de mar y del pez aguja. Los tres suelen tener hocicos largos y bocas pequeñas.

CASAS EN TIERRA FIRME

Fuera del agua, los animales pueden encontrar muchos lugares donde vivir. Pueden construir sus casas en las plantas. Pueden elegir árboles, arbustos o matorrales. Algunos animales se refugian en cuevas. Otros viven entre las rocas.

Hay casi tantos tipos de casas destinas como de animales. Los insectos palo viven en las ramas de los árboles y entre las hojas. Las marmotas cavan túneles. Hacen **madrigueras** subterráneas en campo abierto o a los lados de los caminos. A veces no hay suficiente espacio para todos los animales. Las casas y las tiendas de los seres humanos cada vez ocupan más lugar. Se están mudando a las zonas donde los animales tienen sus casas.

Las mamás zorras cavan una guarida en la tierra para tener a sus cachorros.

Los insectos palo duermen donde están más seguros, ¡en las ramas!

Los perritos de las praderas construyen madrigueras subterráneas.

Las tortugas hacen un agujero para proteger sus huevos.

ARAÑAS

Muchos tipos de arañas tejen complicadas telarañas para atrapar a su **presa**. Las arañas hacen sus telarañas con un tipo de seda especial. La seda se fabrica en las **hileras**. Estos órganos se encuentran en la parte inferior del abdomen. Las arañas pueden tejer distintos tipos de seda para distintos usos. Algunos hilos son pegajosos. Otros no. Cierto tipo de seda se usa para envolver a la presa. Algunas telarañas son pequeñas. Otras telarañas son tan grandes que hasta pueden atrapar pájaros. Algunas arañas incluso tejen sus telarañas en túneles subterráneos.

Fuertes como el acero

Imagina que tienes en la mano un hilo de seda de una araña. Intentar romper ese hilo te resultará tan difícil como romper un hilo de acero. Aunque al tocarlo parece suave, es imposible de romper.

En las hileras se fabrica la seda.

La hora de la cena

Si una araña no atrapa ninguna presa, puede comerse su propia telaraña al final del día. La seda puede usarse otro día para tejer una nueva telaraña.

17

Arañas salvajes

Hace 140 millones de años que las arañas fabrican telarañas. Los distintos tipos de arañas tejen distintos tipos de telarañas. Hay arañas orbitelares, arañas de embudo, tejedoras de hojas y más.

Arañas orbitelares

Las arañas orbitelares tejen telarañas con forma de espiral. Este tipo de telarañas suelen encontrarse en jardines, bosques y campos. Cuando una presa cae en la telaraña, la araña la pica y la envuelve con su seda.

Arañas de embudo

Las arañas de embudo tejen telarañas con forma de embudo. La telaraña se teje encima de las madrigueras de otros animales. Cuando la presa cae en la telaraña, la araña la lleva hacia el interior del embudo y se la come.

Tejedoras de hojas

Estas arañas se esconden bajo una hoja hecha de seda y esperan a que la presa caiga en ella. La araña muerde a la presa a través de la telaraña y la jala hacia abajo. Luego, la araña remendará esa parte de la telaraña.

GORILAS

Los gorilas son uno de los parientes vivos más cercanos a los humanos. Por la noche, nosotros dormimos en una cama. Del mismo modo, los gorilas construyen un nido donde dormir. Construyen el nido con plantas y enredaderas que recogen. Los nidos pueden estar en el suelo o arriba de un árbol, y son un lugar cómodo para dormir. Los gorilas adultos construyen sus propios nidos. Los gorilas bebé duermen con sus madres durante los primeros años. Las madres les enseñan a los gorilas jóvenes a construir un nido.

una mamá y un bebé gorila en su nido

Cantidad de nidos

Los científicos cuentan la cantidad de nidos de gorila para tener una idea de cuántos gorilas viven en la zona. ¡Es más fácil ver los nidos que los gorilas!

Los nidos del vecindario

Los gorilas no son los únicos simios que construyen nidos. Los chimpancés, los bonobos y los orangutanes también construyen nidos. A veces, los simios vuelven a usar los nidos que otros simios construyeron.

CASTORES

Los castores viven en arroyos, ríos y pantanos. Construyen diques de madera. Los diques mantienen a los depredadores lejos de sus casas. Los castores rellenan los huecos del lado de afuera con barro. En invierno, el barro se endurece y los depredadores no pueden pasar.

Los castores construyen su casa, o madriguera, a poca distancia del dique. La entrada queda escondida bajo el agua. Esta entrada secreta ayuda a los castores a evitar a los depredadores. Detrás del dique se forma una masa de agua, como un estanque. Estas aguas tranquilas son más seguras y es más fácil para los castores salir del nido.

¡Más largo!

El dique más largo hecho por castores está en Alberta, Canadá, ¡y mide 2,790 pies de largo! ¡Es casi tan largo como ocho campos de fútbol!

Dientes fuertes

Cuando los humanos construyen una casa, usan un serrucho para cortar la madera. Los castores tienen dos dientes frontales muy filosos que pueden cortar un árbol con facilidad. Los dientes frontales nunca dejan de crecer, por lo que siempre están afilados.

Los castores se preparan para cortar un árbol.

Un castor coloca barro y ramas en su madriguera.

Construir la madriguera perfecta

El dique oculta la casa del castor. ¿Pero cómo construyen los castores su madriguera? ¡Trabajan juntos!

La madriguera de un castor tiene una habitación para comer, una habitación para dormir, un lugar donde guardar la comida y canales para trasladar los materiales.

1.

Los castores buscan un río grande y usan sus afilados dientes para cortar los árboles y conseguir troncos.

2.

Trabajan en equipo para colocar los árboles cortados en el lugar correcto. Para construir el dique y cortar el paso del río, apilan los troncos unos sobre otros.

3.

Cerca, los castores apilan troncos para armar la estructura de la madriguera.

4. La familia junta ramas y piedras y las coloca en los agujeros entre las ramas.

5. El castor usa su cola, ancha y plana, para colocar una gruesa capa de barro sobre las ramas y los troncos.

6. Luego, el castor nada debajo del agua y muerde las ramas para hacer la entrada de la madriguera.

TERMITAS

Las termitas son pequeños insectos que viven juntos en grandes colonias. Algunas termitas construyen nidos en los árboles. Hacen un agujero dentro del árbol para protegerse del clima y de los depredadores. Las termitas en África y Australia construyen montículos enormes y duros. Utilizan tierra, **saliva** y **estiércol** para construir un alto montículo. Los montículos parecen sólidos, pero el aire puede pasar a través de ellos con facilidad.

Las termitas almacenan comida en los montículos, pero no viven allí. Hay túneles subterráneos que conducen hasta el nido. Allí es donde viven las termitas. Los túneles ayudan a mantener el interior fresco.

Algunas termitas construyen nidos en los árboles. Otras viven bajo la tierra.

Los rascacielos de los insectos

¡Los montículos que construyen las termitas pueden tener hasta 30 pies de altura! En algunas zonas de África hay montículos tan grandes que hasta los satélites pueden verlos.

Más de cerca

Las colonias de termitas tienen cámaras especiales para almacenar huevos, comer y proteger a la reina.

Las termitas trabajadoras rodean a la reina.

reina

LO MEJOR DE LO MEJOR

En todo el mundo, los animales construyen casas. Los científicos y los arquitectos se inspiran en la forma en que los animales construyen sus casas. Aquí hay algunas de nuestras construcciones más famosas.

Torre Willis

Ubicado en Chicago, Illinois, este rascacielos tiene 110 pisos. Tiene oficinas para alrededor de 12,000 empleados. El edificio está recubierto con paneles de aluminio y vidrio.

Las pirámides

Las pirámides fueron construidas por los antiguos egipcios. Se diseñaron como un lugar especial donde enterrar a los reyes. Se construyeron a partir de grandes pilas de tierra cubiertas por rocas.

El Coliseo

El Coliseo está en Roma, Italia. Es un anfiteatro, como un estadio de fútbol. Está hecho de hormigón, mármol y piedra caliza.

¡ALTO!
PIENSA...

¿Te das cuenta cómo los arquitectos utilizan las matemáticas para hacer estas construcciones?

¿Qué construcción crees que se parece más a la de un animal?

Si fueras un arquitecto, ¿qué tipo de construcción diseñarías?

Torre Eiffel

La Torre Eiffel es tan alta que puede verse desde cualquier parte de París. Cuando se construyó la Torre Eiffel, era la primera vez que se construía algo así.

La Gran Muralla China

La muralla se construyó en la frontera china para mantener fuera a los enemigos. Construirla llevó 2,000 años. Es tan grande que puede verse desde el espacio exterior.

¡CASAS EN TODOS LADOS!

Las personas viven en lugares diferentes. Algunas viven en rascacielos de 100 pisos. Otras viven bajo tierra para evitar el calor. Los pueblos inuit de América del Norte vivían en **iglúes** de hielo para sobrevivir al frío. Algunos indios norteamericanos viven en carpas de lona. Todavía hoy, los pueblos korowai de Papúa construyen sus casas sobre los árboles. ¡Algunas de estas casas en los árboles se encuentran a 115 pies por encima de la selva!

Esta casa en un árbol, en Papúa, permite a las personas detectar cualquier peligro.

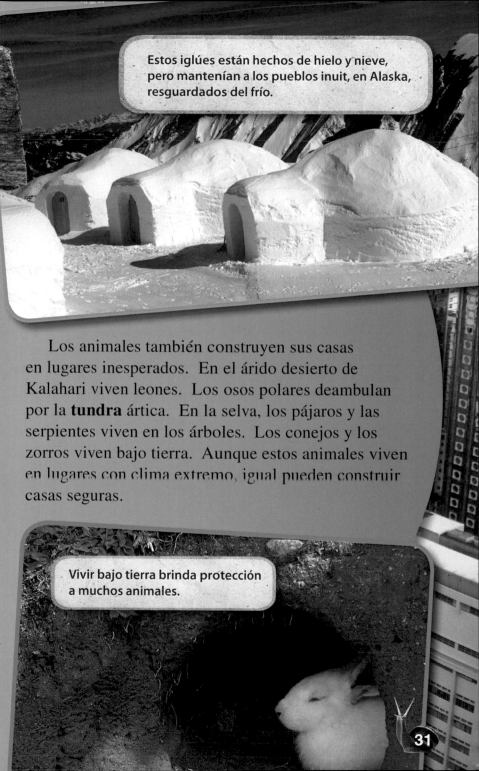

Estos iglúes están hechos de hielo y nieve, pero mantenían a los pueblos inuit, en Alaska, resguardados del frío.

Los animales también construyen sus casas en lugares inesperados. En el árido desierto de Kalahari viven leones. Los osos polares deambulan por la **tundra** ártica. En la selva, los pájaros y las serpientes viven en los árboles. Los conejos y los zorros viven bajo tierra. Aunque estos animales viven en lugares con clima extremo, igual pueden construir casas seguras.

Vivir bajo tierra brinda protección a muchos animales.

PÁJAROS

Los padres humanos arman un cuarto para el nuevo bebé. Compran una cuna y muchos pañales. Al igual que los humanos, cada especie de pájaro sabe cómo construir el mejor nido para sus bebés. El nido de un pájaro se construye para resguardar a los pájaros bebé del mal tiempo. El nido también debe estar en un lugar que sea difícil de alcanzar para los depredadores. Los pájaros usan ramas y pasto para construir un nido para sus huevos. Construyen un nido resistente usando solamente el pico y las patas. En la mayoría de las especies de pájaros, la hembra es la que construye el nido. Pero en algunas especies, los machos ayudan a construirlo.

El tamaño del nido de un pájaro puede decirte algo sobre su tamaño. Los pájaros más pequeños construyen nidos más pequeños y los pájaros más grandes construyen nidos más grandes.

Cazadores de nidos

Algunas personas coleccionan nidos. Una buena forma de encontrar un nido es seguir a un pájaro. Si ves un pájaro que va y viene, es probable que esté llevando provisiones a su nido. Si encuentras un nido con huevos o bebés adentro, puedes mirarlos, ¡pero no los toques!

Nidos bien cuidados

Los distintos tipos de pájaros construyen distintos tipos de nidos. Los nidos pueden tener formas diferentes: desde un hoyo **superficial** en la arena hasta montículos de tierra y plantas. Otros construyen madrigueras subterráneas o nidos **colgantes**. Algunas aves incluso usan barro para construir sus nidos contra las paredes.

nido superficial

nido colgante

nido subterráneo

Viviendas estacionales

Una de las principales razones por las que los animales construyen casas es para prepararse para el cambio de estación. Algunos necesitan un lugar cálido y seguro para pasar el invierno. Otros desean escapar del sol caliente del verano.

Otoño

Las ardillas listadas cavan madrigueras para mantenerse abrigadas y guardar alimentos durante los meses de invierno.

Invierno

Los osos pueden pasar hasta 100 días sin comer ni beber mientras hibernan en su cueva.

Verano
Los perritos de las praderas escapan del calor del verano en sus madrigueras.

Primavera
En primavera, los pájaros construyen sus nidos antes de poner huevos.

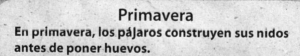

ABEJAS

En todo el mundo, podrás encontrar a estos insectos zumbando en el jardín. Las abejas transportan **néctar** y **polen** de las flores a su panal. Allí los convierten en miel. Al volar de una flor a otra, esparcen el polen y polinizan las flores. Esto ayuda a que nazcan nuevas plantas.

Las abejas construyen elaboradas colmenas. Allí, una **colonia** de abejas puede vivir varios años. Las colmenas tienen cámaras de seis lados. La miel se fabrica en la parte superior de la colmena. En la parte central, están las celdas donde nacen y crecen las nuevas abejas. Las abejas reina se crían en cámaras especiales llamadas *celdas reales*. Las abejas con frecuencia construyen sus colmenas en lugares protegidos. Pueden construirlas en agujeros en los árboles o sobre una caja de electricidad.

Colmenas artificiales

Hace miles de años que los seres humanos construyen colmenas para las abejas. Estas colmenas permiten acceder con facilidad a la miel. En los templos del antiguo Egipto se encontraron dibujos donde se ve a los trabajadores quitando la miel de las colmenas. Las colmenas modernas se construyen de manera especial, para poder quitar la miel sin dañar la colmena.

Muchas personas usan la miel para aliviar el dolor de garganta cuando están resfriadas.

TOPOS

Los topos son pequeños mamíferos que viven bajo la tierra. Los topos han desarrollado muchas **adaptaciones** para vivir bajo la tierra. Tienen grandes garras, perfectas para cavar la tierra. Sus ojos y orejas son pequeños. No hay mucho que ver y oír bajo la tierra. Los topos pueden vivir con menos oxígeno. Bajo la tierra, hay poco aire. Los topos son casi ciegos, pero vivir bajo la tierra les ayuda a protegerse de los depredadores.

¿Te suena conocido?

¿Alguna vez oíste a alguien decir "Estás haciendo una montaña de un grano de arena"? En inglés, esa expresión usa la palabra "topera" en vez de "grano de arena". Pero las dos significan que estás transformando un problema pequeño en un gran problema. La mayoría de las toperas tienen menos de dos pies de altura.

Dentro de una topera

Algunos túneles tienen zonas secas y húmedas separadas, para que los topos puedan tomar agua en las épocas secas.

En general, las toperas tienen un túnel principal del que nacen otros túneles más pequeños.

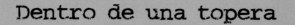

Los topos cavan más túneles año a año para crear zonas de caza más grandes.

Bocadillos babosos

Las lombrices son el alimento preferido de los topos. La saliva del topo contiene un químico que **paraliza** a las lombrices pero no las mata. Los topos cavan la tierra para construir **despensas** subterráneas. Allí guardan las lombrices paralizadas hasta que necesiten comerlas.

INSTINTOS IMPORTANTES

Algunos animales usan sus cuerpos como casas.   Otros animales trabajan juntos para construir un lugar seguro donde vivir.   A los seres humanos les lleva años aprender a construir casas. Pero los animales nacen sabiéndolo. Construyen sus casas por **instinto**. Saben cómo encontrar los materiales correctos y cómo unirlos. En todo el mundo, los científicos estudian estos asombrosos animales para ver qué les pueden enseñar a los arquitectos humanos.

madriguera de castor

montículo de termitas

colmena

GLOSARIO

adaptaciones: características que desarrollan los animales y las plantas para sobrevivir en su hábitat

arquitecto: persona que diseña diferentes edificios

cámaras: espacios cerrados

camuflaje: color o textura que ayuda a una planta o a un animal a confundirse con su entorno

censo: recuento oficial de población

colgante: algo que cuelga

colonia: grupo de organismos del mismo tipo que viven juntos

depredadores: animales que matan y comen a otros animales

despensas: lugares donde se guarda la comida

diques: barreras que impiden el paso del agua

diversa: cantidad de cosas o criaturas que difieren unas de otras

estiércol: desecho sólido de los animales

hileras: órganos especializados que la araña usa para producir la seda para sus telarañas

iglúes: casas en forma de cúpula hecha con bloques de hielo y nieve

instinto: habilidades y respuestas naturales

madrigueras: casas de marmotas o castores

néctar: líquido dulce que se encuentra en las flores

paraliza: hace que algo no pueda moverse

polen: polvo amarillo que producen las plantas para reproducirse

presa: organismos que consumen los animales para obtener energía

refugios: lugares que albergan y protegen a los animales

saliva: líquido que produce la boca

sensacionales: emocionantes de ver

superficial: no profundo

tundra: zona ártica sin árboles

ÍNDICE

44

BIBLIOGRAFÍA

Caney, Steven. *Steve Caney's Ultimate Building Book.* **Running Press Kids, 2006.**
  Este libro contiene proyectos fáciles que ayudan a los niños a entender la arquitectura y la construcción.

Robinson, W. Wright. *Animal Architects How Insects Build Their Amazing Homes.* **Blackbirch Press, 1999.**
  Aprende de qué forma los insectos como las abejas, las termitas y las hormigas construyen sus casas. Algunas casas son simples y otras muy complejas.

Salvadori, Mario, Saralinda Hooker, and Christopher Ragus. *The Art of Construction: Projects and Principles for Beginning Engineers and Architects.* **Chicago Review Press, 2000.**
  Aprende sobre los principios básicos de la construcción y la arquitectura en este libro para niños de 10 años o más. También contiene instrucciones sobre cómo usar los materiales de la vida cotidiana para construir estructuras básicas.

Stonehouse, Bernard, and Esther Bertram. *The Truth About Animal Builders.* **Tangerine Press, 2003.**
  Descubre los secretos y mitos de los animales constructores. Aprende cómo y por qué los animales se dividen en categorías según cómo construyen los lugares donde viven.

MÁS PARA EXPLORAR

National Geographic Really Wild Animals Awesome Animal Builders DVD

Este video presenta a muchos animales constructores e investiga las herramientas especiales que cada uno usa para construir su casa.

ArchKIDecture

http://www.archkidecture.org/

ArchKIDecture es un sitio web creado para explicar la arquitectura, así como las matemáticas, la ciencia y las artes visuales.

Encyclopedia Britannica for Kids

http://kids.britannica.com/

Encyclopedia Britannica en línea ofrece a los niños una base de datos informativa donde pueden hacerse búsquedas de cualquier contenido que estén estudiando en clase. Las entradas de la enciclopedia están escritas para niños de 8 a 11 años o de 11 años en adelante.

BioKids

http://biokids.umich.edu/guides/tracks_and_sign

Muchos animales construyen casas para sí mismos o sus crías. Es posible que encuentres algunas de estas casas en la vida real. Lee sobre ellas en este sitio web para saber dónde debes estar atento.

ACERCA DEL AUTOR

Timothy J. Bradley creció cerca de Boston, Massachusetts y pasó todo su tiempo libre dibujando naves espaciales, robots y dinosaurios. Le gustaba tanto que comenzó a escribir e ilustrar libros sobre historia natural y ciencia ficción. Timothy también trabajó como diseñador de juguetes para Hasbro, Inc., diseñando dinosaurios a tamaño natural para exposiciones en museos. A Timothy le encanta observar a los insectos y las cosas maravillosas que pueden construir.

Timothy vive en el soleado sur de California con su esposa e hijo.